살며시 다가온 기적

살며시 다가온 기적

조의령 시집

그림과책

| 시인의 말 |

삶은 경이롭고 아름다운 기적
살며시 내게 다가와
마음의 평화와 소소한 행복을 선물하네
시를 사랑하는 모든 이들과 교감을 나누고 싶다

2024년 7월

조 의 령

| 차례 |

5　　시인의 말

1부

12　　관용의 사색
13　　침묵의 소리
14　　모든 것이 아름다운 날
15　　비가悲歌
16　　살며시 다가온 기적
18　　내가 사랑하는 것들
20　　한밤중의 별꽃 얘기
21　　숲이 주는 차
22　　이제는 고독하지 않다
23　　내가 시인이라서 다행이다
24　　성장통
25　　피아노를 치는 이효석
26　　아버지의 나무
27　　비 오는 날의 상념
28　　어머니의 낡은 유모차
30　　시인 친구
31　　코로나 1월의 거리에서
32　　어머니의 설
33　　꽃 마음

2부

36 페이스 페인팅
37 어느 햇살 좋은 날
38 그리움의 재회
40 비하인드 스토리
42 비하인드 스토리 2
44 별 보기
45 선교장을 거닐며
46 내장산 단풍 구경
47 설악의 어느 숲에서
48 섶다리와 나룻배
49 정선 오일장에 가면
50 잎새바람
51 순천으로 가는 길
52 숲에서
53 야생화
54 아카시아 꽃잎 휘날리며
55 가시
56 어느 겨울날의 일기
57 바다의 추억
58 꽃눈 오던 날
59 살구를 주우며

3부

62 여권 만들던 날
63 리스본으로 가는 길
64 여행의 프롤로그
66 귀소본능
68 그리움의 도시 그라나다
70 시차 적응
71 상그리아
72 세비야로 가는 버스 안에서
74 렐루 서점
76 정열의 플라멩코
78 론다의 아름다운 절벽
79 낭만의 도시 포르투
80 스페인의 밤

4부

- 84   2월의 기도
- 85   귀여운 여인들
- 86   카페 용화찬미
- 88   비에 젖은 용화찬미
- 90   용화찬미 3
- 92   보물찾기
- 93   이웃사촌
- 94   그녀의 레시피
- 96   하쿠나 마타타
- 97   책을 읽어 주는 여자
- 98   내일이 오기 전에
- 99   생일
- 100 나비야 놀자
- 101 알에서 깨어나다
- 102 어느 독거노인 이야기
- 103 봄눈 오던 날
- 104 봄의 향유
- 106 봄을 기다리며
- 108 6월이 가면
- 109 행복 일기

- 110 해설

1부

벤치에 앉아 하늘을 보면

숲은 조용히 나를 감싸주며

은은한 차 한 잔 대접한다

관용의 사색

오늘 하루
나 자신이 맘에 든다

죽은 새 한 마리
양지쪽에 묻어 주고

길 잃은 고양이
밥 주며

외로운 할머니
벗이 되어 주었으니

그래 그만하였으면
잘하였네

자꾸자꾸 사랑하여라

침묵의 소리

이 소리는
빗방울이 꽃잎에 떨어지는 소리

낙엽이 사그락 스치는 소리

이슬방울 영롱하게
고요히 내리는 맑은 수정 같은

새싹이 움트는 소리
청둥오리 날갯짓하는 소리

이 모든 아름다운 소리는
빛의 노래일까

무음의 무제인가
흐린 빗소리인가
들릴 듯 말 듯한 소리일까

모든 것이 아름다운 날

비 오는 날엔
모든 것이 가득 차 있다

잿빛 커튼 너머
안개가 그렇지

나를 둘러싸는 몽상이

무엇을 추구하며 살아가는가

모든 것이 가득 찬 날엔
모든 것이 아름답고

그날에
세상을 둥글게 돌리려 한다

마치 모든 것이 아름다운 날에는

비가悲歌

먼 산 안개가 피어나면
아름답고 슬픈
빗소리 잠잠한데

꽃망울 터트린
청아한 나뭇가지 위에
이슬방울 맺히고

어느 슬픈 여인의 고독한 노래
어디선가 들려온다

비가 비가 비가

살며시 다가온 기적

나를 둘러싼 작은 일상들
어느새 다가온 기적

오랜 시간 만에
내게 주어진 삶을 사랑하게 되었다

아침에 일어나면 꽃들에게 인사하며
흙을 만진다
살아있는 모든 생명들을 위하여

이제는 다소곳이 자기 집에서 잠을 자는 순한 나비와
내 알뜰하고 부지런한 어머니의 고사리
소박한 자연주의 밥상

고독해도 외롭지 않으며
욕심과 허영을 버리고
작은 행복에 눈뜨게 되었다

화려하지 않아도 내게 주신 순간에 감사하며
나의 마음은 고요하고 평화롭다

생의 아름다움을 깊이 느끼며
내 영혼을 노래하는 시가 있기에……

인생과 철학을 성찰하는
고요한 아침의 기도

내가 사랑하는 것들

우리 나비
개미집 짓는 것 보느라
조용히 앉아 있고

어머니는 고사리 밭에
오동통한 고사리 꺾고서
카페 화초에 풀 매주고

아버지 심으신
줄장미엔
하나 가득 장미가 피어 있고

이웃집 아주머니는
미소 지으며 화분에 물 주시네

유유자적한 어르신들은
카페에 앉아 생강차 한 잔 마시는 오후

금세 카페 용화찬미에
산책 온 나는 꽃구경이 한창이다

나는 어느새 이 모든 것들을 사랑하게 되었다

한밤중의 별꽃 얘기
-토지문화관 작가들과

꽃잎은 별빛처럼
사르르 살며시 내리고

모두가 의기투합하여
별 보러 간다

1열 종대로 서서
램프의 불빛 따라가며
별 구경한다

초승달 사이로
별이 내게로 다가온다

한밤중 잠들지 못하고
별꽃을 하염없이 바라본다

모두의 로망이 되는 별 이야기는
깊어가고

우리들의 별사랑은 수없이 많은
별별 속에 살짝 미소 짓네

숲이 주는 차

숲에 오르면
내게 속삭이며 아름다운 바람 소리 들려준다

낙엽들의 세레나데 선율을 들으며
한 편의 동양화를 덤으로 선물 받는다

산은 하늘과 가까워
아름다운 노을을 바라볼 수 있어 좋다

벤치에 앉아 하늘을 보면
숲은 조용히 나를 감싸주며
은은한 차 한 잔 대접한다

때로는 남과 다른 삶이 고달프지만
내게 주신 신의 선물에 감사한다

이제는 고독하지 않다

은혜의 단비
촉촉이 대지를 적시어
모두가 잠들어 있는 새벽

설레이는 맘
빗소리에 귀 기울이며
쉬이 잠들지 못하고 있다

이제는 내 곁에
사랑하는 이가 없을지라도
고독하지 않다

그저 삶이 주는
하루에 감사하며
샘 솟는 긍정으로 살아갈 뿐이다

내가 시인이라서 다행이다

내가 시인이라서 행복하다

나의 다양한 모습 속에
삶의 향기가 묻어 나와
맑고 고운 거울에
내 모습을 보일 수 있는 시심

남이 알아주지 않아도
내게 속삭이며 열정을 다하여
카타르시스를 진하게 느끼네

무언지 모를 내일을 향해 달려가다가
잠시 걸음을 멈추어
사색에 잠기며 영감을 얻으니

아무도 모방할 수 없는 예지심
자기만의 특별한 세계
왠지 고독해 보여도 멋있어 보이고

내가 시인이라서 다행이다

성장통

마치 두통을 앓듯이
인생의 무게가 천근만근

또 하루가 가면
알 수 없는 미래의 꿈들이
충만할 텐데

성숙해진다는 건
한바탕 두통을 앓는 소녀처럼
고통과 환희가 교차하며

새로운 내일을 향하여

움트는 새싹이 눈을 맞는 것
봄 몸살을 앓는 것

피아노를 치는 이효석

낙엽을 밟으면
은은히 들려오는 피아노 소나타

눈 감으면
그 모습 떠오른다

먼 길 따라
메밀꽃밭을 걸으면

효석님이 좋아했던
헤세·만·실러·칸트가
다정한 친구 되며

그리움은 시가 되네

물레방아 옆에 앉아
책을 읽으면

그 어딘가에서 다시 들려오는
피아노 협주곡

아버지의 나무

당신이 심으신
나무 한 그루
아쉬운 봄으로 오네

진달래꽃 피면
당신이 떠나신
빈자리
큰 아픔이 되어

손수 세워주신
등 굽은 어깨는
가슴 저리도록 남고

내 빈자리에
계절은 바뀌고
그리움은 꽃이 되네

비 오는 날의 상념

간절히 바라는 일들이
그대 곁에 없을지라도

그 그리움이 무언지
지나야 알 수 있는 진실

이 순간이 지나가면
아쉬움 더 짙어질수록
내 마음이 설레이는 건 왜일까

촉촉이 단비에 젖은
맑고 깨끗한 꽃잎처럼
내 맘에 사무치는 진한 그리움

어머니의 낡은 유모차

아픈 가슴 다정하게 안은
빈자리엔
어머니의 긴 한숨 소리

내 어머니는 허리가 휘어지도록
일을 하면서도 힘든 내색 안 하시고

굽은 허리 낡은 유모차에 몸을 기댄 채
저 멀리 걸어가신다

언제 철이 들까
잃어버린 날개를
파닥이며
한 마리 새처럼
비상하길 간절히 소원하네

어머니의 애틋한 사랑에
내가 살아가는 것이 기적이니

모자라는 딸 깊이 품으시는
따뜻한 안식처에 용서 못 할 일 없고

어머니는 삶에 지친 자녀들의 쉼터와 웃음이 된다

어머니 얼굴에
환한 미소 번질 때까지
온 세상을 굳세게 살아가리

시인 친구

삼십 년이 지나
다시 만난 친구
시인이란다

어제 만난 듯이
익숙하고 가까운 정 나누니

우아하고 진솔한 친구 모습에
문학이나 인생이 진하게 묻어난다

옛 추억에 젖어
잔잔한 우정이 피어나는

서로의 꿈을 달래주며
우리의 중년이 깊어지는구나

친구야 네가 시인이라서 더 좋다

코로나 1월의 거리에서

새로운 시작
설레이는 맘

기도 가득 담아
저 하늘에 띄운다

마스크 너머 세상을 바라보며

소박했던 일상을
그리워하고

희망찬 내일을 기다리네

우리가 바라는 작은 소망은
서로의 아름다운 입술을 바라다보고
맛나는 밥을 함께 먹으며
맘껏 이야기하는 것이다

어머니의 설

시절이 변해도
내 어머니는 화덕에 식혜를
달콤하게 우려내시고
살얼음이 언 시원한 식혜를
한 사발 대접한다

여전히 방앗간에 가서서
직접 떡을 해오시는 어머니

온몸이 아프도록 명절 음식을 하셔도
웃음 지으시는 어머니

아들딸이 행복하면 그뿐인걸

꽃 마음

꽃의 마음은
무슨 색깔일까

꽃은 아름다운데
지는 모습은 왜 그리 추한지

간신히 홀로 피어 있는
자목련 한 송이

그 아름다운 꽃
네 마음 알고 싶다

꽃 마음은 내 마음
내 향기는 꽃향기

2부

나를 시인으로

다시 태어나게 한

아름다운 곳

뜨거운 장작 열기

페이스 페인팅
-효석 문화제에서

 메밀꽃이 피었습니다. 아침에 안개꽃 길을 걸어보면 구름을 안고 날아가는 기분. 싸늘한 공기 사이로 태양이 보인다. 효석 문화제의 하루는 길을 따라 깊어지고 셔틀버스를 기다리는 무료함도 잠깐이다. 하아얀 메밀꽃 사이로 섶다리를 건너 물레방아 앞에 자리를 잡고 어른 아이 할 것 없이 메밀꽃을 그려준다. 품바 공연에 나갈 엿장수 삼순이 언니는 제일 먼저 와 메밀꽃 분장을 한다. 저마다 추억을 간직하기 위해 줄을 선 인파들. 그림이 빨리 지워질까 조바심을 낸다. 수줍은 할머니에게 꽃반지를 그려주고 잠자는 아기 볼에 몰래 페이스 페인팅. 당신의 얼굴에도 메밀꽃이 활짝 피었습니다.

어느 햇살 좋은 날
-토지문화관 작은 연못에서

산울로 둘러싸인 저 하늘에 새들이 날아가고
매화꽃 예쁘게
보고 있는 발랄한 소설가
마치 달변한 사람처럼 살가운 미소 짓는다

창밖에 작은 연못은
생물이 온기 품은 채
잉태가 한창이고

수줍게 고개 내미는 수선화는
움트는 봄 인사 속삭이며

저녁 먹고 산책길에 나선 예술가들은
별 달 이야기가 한창이다

그리움의 재회

버스를 4번이나 갈아타고
그리워서 다시 찾아간 곳

제일 먼저 내가 좋아하는
피아노 건반 길을 걷는다

생명의 존귀함을
일깨워 준 박경리 선생님의 텃밭
정성껏 손이 가는 여름 야채가 한창이다
또다시 그곳에서 흙을 만져보며 그리움에 잠긴다

나를 시인으로
다시 태어나게 한
아름다운 곳
뜨거운 장작 열기

내 집 드나들 듯이
자주 갈 것이다

그분 살아생전에 보았더라면
얼마나 좋았을까

한없는 그리움

비하인드 스토리
-토지문화관에서

산속에 봄이 찾아와
못다 한 이야기 나누고 싶네
이곳에 와야 알 수 있는
삶의 진솔한 속삭임
예기치 않게 찾아온 산골 문화관

아름다운 인생 하루하루 가슴 설레이며
그 마음 다루느라 부산스러워
대지는 쉼 없이 봄 기지개를 활짝 펴고
생명의 신비를 인식하게 한다

숭고한 예술혼
알지 못했던 일상의 뒷자리에서
산속 마을의 안개 속
피아노 건반 길 나무 계단을 건너
식당으로 향하는 예술가들
객지에 오면 고생이라더니
밥을 먹어도 배가 고프다

내가 좋아하는 박경리 선생님의 텃밭은
철 지난 은행이 많이 굴러다니고

흙을 사랑하셨던 분
땅을 밟으며
선생님이 만지시던 흙을 매일 만져본다
뒤늦게 냉이를 캐고 있으면
뮤지엄 옆 작은 연못엔 개구리들이 울며 뛰고
놀라운 생명의 환희

고독한 시인은 삶의 작은 변화도
그냥 지나치는 법이 없네
회촌의 종점 버스 34-1은
사람이 올 때까지 유유자적하게 기다리면
어디든 가고 싶다

창작과 산책을 하는 시간은
자연과 교감하며 영혼의 대화를 나누는 삶
다시 태어난 기분이다
이곳이 나에게는 천국이다

비하인드 스토리 2
-토지문화관에서

산속 마을 계곡에 물소리, 바람 소리, 새소리
개구리 울음소리, 봄이 움트는 소리 들려오면

버들강아지 오동통하게 살이 오르고
흙 아쉬람 길 따라 한없이 걸으며
영감인가 교감인가 아주 애를 쓴다

모두가 의기투합하여 섬강 자작나무 숲을 거닐며
새로운 순백의 아름다움에 감탄사가 절로 나고
그들은 때론 곱게 또 터프하게 언어적 유희를 표현한다

산골 마을 길에서 만난 농부가 클래식 음악을 들으며
농사짓는 광경을 보다가
비행기 소리처럼 새들도 요란한 군무를 보여주며

떼 지어 날아가고
누가 이 소리 이 광경을 보았는가

살구 카페에서 마주친
다른 예술가들의 달변과 매력에 푹 빠지며
하루 해가 저물어 간다

저녁 산책이 끝나면
모두 숙소의 문을 걸어 잠그고
저마다 자기 세계에 잠기며
예술혼을 피우리라

칠흑처럼 어두운 산속엔
가로등만이 고요하게 정적을 비추고
시간은 정지된 듯
자유로운 나는 어둠 속에서 사색에 잠긴다

또다시 산속에 여명이 밝아오면
안개를 품에 안으며
산골 마을은 잠에서 깨어난다

수도원의 수도자처럼
단순하고 절제된 일상을 보내며
자연과 더불어 살아가네
어느새 다가온 행복에 살며시 웃는다

자유로운 영혼이여
알에서 깨어나야 하리

별 보기

별 보러 가자고 나서는 예술가들
한밤중의 제안이
떨리고 가슴 설레이네

별이 잘 보이도록
어둠을 뚫고 점·점 높은 곳으로 올라간다

별과 달을 바라보며
그 순백의 반짝임을
외면하며 살았는지······

생명에 대한 그리움
상찰하고 안아본다

소중한 생의 의미는
바로 생명의 근원이 있는 곳에 있고
왜 어둠의 골짜기를 걷는가

집으로 돌아오는 길은
아쉬운 몸짓 별 가득 안고
반짝이는 미소 짓는다

선교장을 거닐며

관동팔경 유람하는 선비처럼
마음껏 들떠
외별당 활래정을 바라보니

작은 연못 연잎에 고운 빗소리 고요한데
경포호수를 가로질러
배로 다리를 만들어 다녔다는
300년 역사

곡간 채에 곡식이 가득하니
나그네들의 주린 배를 채우고
쉼터에 도란도란 이야기꽃 피어나겠지

열화당 뒤쪽에 우람하게 서 있는 계화 나무
활래정 뒷산 떡갈나무
우아한 자태 뽐내니

노송들도 맘껏 운치를 더하고
어디선가 까마귀 울음소리 들려온다

내장산 단풍 구경

먼 길 돌아
남원 켄싱턴 리조트에서 여장을 풀고
새벽바람에 맘껏 멋을 부린 설레임
마음은 벌써 내장산으로 향하고 있다

눈이 시리도록
빨간 단풍 속에 젖어 든 순간

단풍 한 잎 한 잎 주워
낙엽을 밟으며
낙엽 속에 누워본다

가을은 마지막 떠날 채비
산고의 고통 참아내며
고운 빛으로 우리를 환영한다

저 산에 아쉬움과 그리움 맘껏 남겨두고
돌아오는 길은 한결 가볍다

설악의 어느 숲에서

설악의 유혹을 뒤로한 채
고로쇠나무 숲 계곡에서
느끼는 오랜만의 자유

울려 퍼지는 물소리 바람 소리
낙엽들의 은은한 세레나데 가득한데

다람쥐들과 숨바꼭질을 하며
벤치에 홀로 앉아
울산바위로 향하는 벗들의 뒷모습을 바라보면서
오늘은 산을 오르지 않기로 했다

살아 숨 쉬는 이 숲에서
유유자적한 한숨을 쉬자

섭다리와 나룻배

아우라지강 겨울 되어
돌다리는 얼음 다리

썰매를 즐기는
아이들의 웃음소리 청아한데

나룻배는 어디 가고
하아얀 눈다리만 남았네

강을 사이에 두고
처녀 총각의 못다 이룬 사랑 애절하니

정자 여송정엔 아리랑 노래
구슬프게 들려온다

정선 오일장에 가면

아우라지 강물 따라
산길 굽이굽이 너머
산골에서 온 약초와 산채가 가득하다

장을 한 바퀴 돌다 보면
먹거리 장이 한창인데

무얼 먹을까 망설이다
따스한 콧등치기 국수에
수수부꾸미, 메밀전병, 수제 약과, 취떡

구수한 할머니 인심이 피어나고

곤드레밥 잘하는
시장의 대박집 식당

시장 한 모퉁이에 벌어지는 민속 축제
구슬픈 아리랑 소리
행인들의 발걸음을 멈추게 하네

잎새바람*

주인이 없어도
객이 살짝 머물다 가는 카페

주인이라도 마주치면
오랜 친구처럼 반갑고
차 한잔에 양심 계산서

무엇이 그리워 산골까지
찾아갔는가

공들여 지은 황토방 너머
담쟁이덩굴

빛바랜 추억 꼭꼭 담은
내 그림 속엔 바람 한 점

*강원도 동해 산골에 있는 무인 카페

순천으로 가는 길

설레이는 가슴 달래며
순천으로 가는 길은
퍼플섬을 잠시 쉬어서 간다

비에 젖은 퍼플섬은
안개가 자욱하고

맘껏 멋을 부린 여인들은
비를 맞으며 다리 끝까지 용감하게 걸어간다

보랏빛 양산. 보라색 지붕, 환상적인 퍼플 다리
보랏빛 축제는 낭만이 가득한 라벤더 향기

비에 젖은 사람들은
밀물이 들어오니
겁먹은 어린아이처럼
빠른 걸음을 한다

우리가 바라는 것은 밝은 태양 아래
순천 정원 축제를 바라보는 것이다

숲에서

하루하루 살면서
후회와 절망이 끝없이 몰려올 때
셀 수 없는 소망이 다정하게
손잡아 줍니다

반복과 대조의 고통
긴 기다림

오늘도 홀로 걷는 길에
바람 소리 들으며
당신의 고요한 음성을 듣습니다

숲은 고요한데
내 노래는 멈추지 않으리
당신과 나누는 사랑의 밀어

야생화

어느 날 산길을 걷다
아름다운 숲에서
해맑은 미소 짓는
너를 보았네
누구를 향한
기다림이었나
자그마한 손 내밀며
나를 반겼지
그때 내 가슴 속 번지는 기쁨
나도 누군가에게
너를 닮은 꽃이었으면 좋겠다

아카시아 꽃잎 휘날리며

보름달 고개 내밀던 날
뜰을 서성이는데
그 순간 무어라 형언할 수 없는
로맨틱한 아카시아 향

계절은 쉼 없이
하아얀 선물을 주고
생명의 신비는
나를 관조하게 하네

벗을 따라
아카시아 숲에서
꽃잎을 따던
유년 시절의 추억 그리워

뒤돌아보면 어느샌가 다가오는
은은한 아카시아 향이
눈꽃 휘날리며 지는가

가시

순백의 신부로 살라 하시며
내게 주신 가시

들풀처럼
살아가는 시간들이
너무 아파서
손 내밀어 애원하는데

내가 준 은혜니
너에게 족하도다 말씀하시네

당신이 후 한 번 부시면
인생의 자랑이
하루아침에 사라질 텐데

이 깊은 밤 꺼지지 않는 기도의 불꽃

어느 겨울날의 일기

고독이 밀려올 때마다
아무 일 없는 듯
거리를 걷는다

바쁘다며
내 영혼을 들여다보는 일에 소홀히 하며
하루를 보내고

삶이란
때로는 한 발짝 멈추어 서서
맘속에 잠시 파문이 일어도
긍정할 수 있는 순간이 되어야 하는 것

우연히 길을 걷다가
이웃집에서
구수한 된장국 내음이 풍길 때
내 따스한 어린 시절을
추억할 수 있었으면 한다

바다의 추억

여고 시절
벗과 함께
경포 바다까지 걸어가던
아련한 기억

파도의 자장가를 들으며
오랜만에 만난 중년의 친구와
밤새 추억에 잠기니

포근한 모래사장을 이불 삼아
밤하늘의 별을 센다

변함없이 아름다운 중년의 꿈

꽃눈 오던 날

어느새 바람이 불면
꽃눈이 곱게 내린다

꽃눈을 밟으면
아무 소리 없이
허공 속으로 사라진다

이리도 서럽게 갈 것이면
피지 말 것을

꽃눈 지는 날

아쉬운 그리움이야
말할쏘냐

꽃눈 오는 날
그 그리운 추억

살구를 주우며

유년 시절 짝꿍이 내밀던 살구 한 알
그 상큼한 추억에 젖어
알뜰하게 음미해 본다

우연히 발견한 살구
살구 줍는 재미에 푹 빠져
동심으로 돌아간다

오늘따라 계곡의 물소리는
경쾌한 칸타타로 들리고

살구 한 가방 지고 오면서
그 행복에 살며시 웃는다

3부

작은 노천카페에서

우아하게 에스프레소 한 잔을 마시면

가는 곳마다 중세의 향기가 가득 피어나고

여권 만들던 날

하늘거리는 원피스를 입고
여권 사진을 찍으니
왠지 가슴이 설레인다

우리 딸 아파서
해외여행 한 번 못 해 봤는데
어머니께서 너무 좋아하신다

나는 무사히 스페인과 포르투갈에
갈 수 있을까
벌써 마음은 아련해지고
부산스런 행복으로 가득 차네

한곳에 머물러 있던
정지와 침묵의 시간들

내 삶에 변화와 성숙의 의미
여행이 만들어 주는 기적

이국적인 정취를 맘껏 모아
아름답고 넓은 시를 쓰리라

리스본으로 가는 길

경이로운 기적
성모 마리아 발현의 도시
파티마로 향하여 가는 길에

성모 마리아 발현 성당을 바라보면
유럽에서 가장 아름다운 곳
리스본의 밤은 깊어만 간다

1755년 대지진으로 대부분의 도시가 파괴되었지만
구시가지와 신시가지가 아름답게 조화를 이루어
고상하게 재현된 리스본의 아름다운 거리

리스본 톡톡 오토바이를 타고
버스가 다닐 수 없는 좁은 역사 지구를 돌아

알파마 지구에서 멋진 파노라마 언덕을 만나고
아기자기한 리스본의 매력에
하루가 저물어 간다

여행의 프롤로그prologue

스페인과 포르투갈은 초행길
아스라하고 고전적인 언어적 유희와 뮤지엄

가면 갈수록 발걸음이 닿는 곳마다
카타르시스가 넘치고

마치 영화의 한 장면처럼 나에게 살짝 다가온 여행의 기적

작은 노천카페에서
우아하게 에스프레소 한 잔을 마시면
가는 곳마다 중세의 향기가 가득 피어나고

좁고 아기자기한 작은 골목길과 고상한 파스텔톤의 지붕
생의 넓고 큰 내일의 꿈을 향해 상념에 잠기면
그곳이 바로 한 편의 시와 노래가 되네

바르셀로나에서 가우디의 초현대적 건축을 바라보며
피카소의 입체파 작품 2,000점을 감상하니
여행의 막이 내리는 에필로그

낯선 곳에서의 에피소드와 추억
이제는 떠나야 할 때 떠나야 하리

다시 기억나는 그리운 이름

포르투, 파티마, 동루이스 다리, 렐루 서점, 제로니모스 수도원, 리스본, 벨렘지구, 론다, 그라나다, 세비야, 마드리드, 세고비아, 헤네랄리페, 톨레도 대성당, 사라고사, 몬세라트, 알카사르, 바르셀로나

귀소본능

뮌헨행 비행기에서
달콤한 행복을 얻기 위해
기다림의 지루함도 잠으로 함께하며

시간은 정지된 듯
모든 생의 무거운 짐을 망각한 채

오랜 시간 동안 찰나의 순간
여행의 재미에 푹 빠져 유혹에 잠기고

이국적 정취와 아름다운 세상이
새롭고 신비하게 펼쳐져도

심오한 사색에 잠겨 그리움 반 기쁨 반
그래도 집에 가고 싶은 건 왜일까?

태어난 곳에 대한 근원적인 향수
산해진미가 풍성하게 나의 미각을 자극해도
어머니 된장국이 그리운 걸

낯선 곳 하루의 삶 속에서

인생의 여정이 희·로·애·락 생·로·병·사 깊어간다

때로는 칸타타 같은 이야기 함께 나누며
걸어가야 할 생이 있다

귀향길의 비행기 안에서
내가 돌아올 곳이 있다는 안도감에
마음은 따뜻해지고

낯선 이국에서 11일을 보낸 시간들이
꿈결처럼 지나가는 긍정적 본능

프랑크푸르트 공항에서 여권에 스탬프를 찍고
돌아오던 여운이 잠잠히 울려 퍼진다

그리움의 도시 그라나다

중세의 아름다운 곳에
그리스도교에게 지배권을 빼앗긴 고혹적인 그라나다

그 터 위에 우아하게 나스로 왕조를 세운 이슬람의 유세프 왕

아랍인들의 신비로운 도시는
아쉬운 본향을 향한 그리움에

정열적인 향수가 배어 있고
중세 무어인들의 아름다운 판타지아가 눈 앞에 펼쳐진다

생의 막다른 골목에서 이슬람 문화를 찾아가는
빛이 나는 그들의 본능적인 삶

산 니콜라스 전망대에서 바라본 낭만적인 알람브라궁은
이슬람 지배 시절 화려하고 절제된 아랍 양식으로 만들어진 곳이다

헤네 탈리페 이슬람 왕조의 여름 별궁에 있는
아름다운 궁전은 에메랄드 속의 진주라고
어느 시인은 표현하고

알바이신 지구 조망은
안달루시아 지방의 전통 양식과
무어인이 남긴 토속 양식의 모습으로
조화와 절제미를 이루고

마지막 이슬람의 도시에서
옛 도시에 대한 이색적이고 잔잔한 노스탤지어에 잠긴다

시차 적응

지금 스페인은 한낮
난 늦은 밤
오늘도 잠들지 못하고 있다

죽은 듯이 잠을 자고
한밤중에 깨어나
일을 하다가
한참 후에 잠들어 버린다

점점 더 멀어져야
잠에서 깰 텐데
하루의 반을
자고 있다

신비로운 현상
다른 사람들의 이야기가
이런 것이구나

나는 지금 시차 적응 중

상그리아

고대 시대부터 전해져 내려온
예쁜 이름의 오래된 전통 혼합 술
붉은빛이 감도는 화려한 스페인 마드리드의 와인

여러 가지 과일을 넣어
사랑하는 사람과 함께 마시는
달콤한 상그리아

사랑과 낭만을 안겨 주는
상그리아 한잔하고
정선 아리랑을 멋지게 불러대던
여행 파트너가 생각나네

아름다운 상그리아 한잔하면서
플라멩코 박자에 맞추어
더욱 밝고 특별한 고운 빛으로
내 영혼을 채색한다

세비야로 가는 버스 안에서

욕심이 없는 포르투갈인의
소박한 도시를 돌아
스페인 세비야로 향하는 길

끝없이 펼쳐지는 올리브 농장
젖과 꿀이 흐르는 축복의 땅이다

끝없이 펼쳐지는 저 기름진 땅이 있다면
한국 사람들은 부지런히 농사를 지을 것이다

세계에서 유명한
조아키노 로시니가 작곡한
오페라 '세비야의 이발사'는
카르멘과 함께
이방인들의 영혼을 깨워 주며

정열의 플라멩코가 빨리 보고 싶다

아름답고 살기 좋은 스페인에
소매치기가 없다면 얼마나 좋을까

우리도 숨바꼭질을 하면서
조심스레 여행을 즐기고 있다

렐루 서점

해리포터를 지은 조앤 롤링이
상상을 초월하여
작품을 구상했던
세계에서 가장 아름다운 10대 서점 중 하나

그곳에 들어가지 못하고
쇼윈도로 잠시 감상했던
신비로운 곳

해리포터의 기숙사와 도서관을
연상하며 느낄 수 있는
마법 같은 아르누보 목조 장식들

수많은 예술가들에게 영감을 주고
유명한 작가가 머물던 그곳에서
얼마나 많은 시를 쓸 수 있을까

아쉬운 마음에
서점 근처의 카페에서
라테 한잔하며 한참을 바라본다

밀어처럼 꿈이 이루어지고
누가 나의 이 형언할 수 없는 마음을 알까
지금 이 순간을 잘 간직하리

금세 우리는 포르투갈 요리
'바칼라우'를 먹으며
또다시 이국적 향기에 젖는다

정열의 플라멩코

남부 안달루시아 지방
집시들의 매혹적인 춤과 음악이
우리의 깊은 영혼 속에 울려 퍼진다

노래 기타 반주에 맞추어 춤을 추며
기타 반주 없이 리듬으로 춤을 추는
손가락으로 소리를 내는 파토스

탭댄스 박자에 맞추어
절도있게 춤을 추는 남자들

여인들의 우아한 곡선 흔들림
집시들의 슬픈 사랑과 정열을 담아
화려하고 아름다운 드레스 선율이 빛나고

숨 막히는 감동 속에서
점점 빨리 춤을 추는
무희의 열정적인 표정은
예술의 극치를 이룬다

황홀한 세비야의 밤

올레 올레 올레

론다의 아름다운 절벽
-누에보 다리

절벽 사이로 아슬아슬하고 예쁜
한적한 마을들이 있고

절벽을 이어주는 곳에
누에보 다리가 강건하게 서 있다

다리로 시내에 들어가면
구시가지의 아기자기한 골목길이 있고

누에보 다리 근처
론다에서 말년을 보낸
헤밍웨이가 걷던 산책길이
그리운 추억을 남기며
아름답게 펼쳐져 있다

가장 오래된 투우장에는
피카소가 투우 관람을 했던 일화가 있고
지금은 박물관으로 변화한 투우장이
멋지게 서 있다

낭만의 도시 포르투
-동루이스 다리

유럽인들은 집이 낡아도
개의치 않고

옛 모습 그대로
좁은 길이라도
마다하지 않으며

고즈넉한 중세의 대도시에 온 듯한
포르투갈 제2의 화려했던 항구의 도시

루이스 다리 아래 도루강이 유유히 흐르고
파리의 에펠탑을 연상하는 다리
그 위로 기차가 지나간다

고딕풍의 파스텔톤 지붕을 바라보며
중세의 어느 아름다운 날 시인처럼
자유롭게 하루를 시작한다

유람선을 타고 루이스 다리 아래 앉아
세레나데 음악 같은 바람 소리에
달콤한 순간의 자유와 안식을 느낀다

스페인의 밤
−세비야

내가 스페인에서
가장 좋았던 것은
커피가 싸고 맛있다는 것이다

그들은 소박하고 담백한 식사를 하며
고급 레스토랑의 샐러드가
맘껏 멋을 부린 한국의 샐러드보다 간단하다

즐비하게 늘어선 작은 노천카페들
유럽인들은 테라스에 앉아
우아하게 한 잔의 커피를 마시며
이야기꽃을 피운다

낡고 고풍스런 집에서
아름다운 삶의 단순한 행복을 추구하며
정열적인 투우를 보면서
때론 열정적이며 낙천적인 하루를 보낸다

밤이 되면
정열적인 플라멩코의
카르멘 공연과

집시들의 기타 선율을 벗 삼아
그 매력에 푹 빠지는 순간

탭댄스 박자에 맞추어
세비야의 밤은 깊어지고
우리의 밤길 야경이
시요 음악이요 예술이다

4부

유리벽 사이로 비치는 에메랄드빛 바다

수정같이 맑은 물

우리의 우정과 사랑도 은비처럼

깊어간다

2월의 기도

고독한 영혼을
돌보는 일은
삶의 평화를 안겨준다

앞날을 부산스레 계획해도
뜻대로 되지 않는 생

인고의 세월
끝없는 그리움 속에서
관조하며 살아갈 뿐이다

내일 일은 모르지만
아름다운 감사 서로 나누며
간절한 기다림과 쉼 없는 기도
깊이 간직할 일이다

귀여운 여인들

다섯 명의 벗들이 찾아오니
단골 카페에 앉아 서로 커피를 마시며
못다 한 이야기 나누는
그녀들의 밝은 웃음소리 아름답다

잠시 정지되었던 나의 시심
또다시 내게 시가 노크를 한다

찾아오는 다정한 벗들이 있어
얼마나 아름답고 향기로운가

고소공포증에 시달리던 나를
고요히 케이블카에 탈 수 있도록
응원해 주고 용기를 준 친구들이여

유리벽 사이로 비치는 에메랄드빛 바다
수정같이 맑은 물
우리의 우정과 사랑도 은비처럼
깊어진다

카페 용화찬미

무거운 노트북 가방을 들고
카페에 가는 길
정겨운 인사로 가득 차고
나는 잠시 카공 여인이 된다

그 카페는 아기자기한 파라솔이 아름답다
유럽의 낯선 향기를 풍기고
원형 모양의 작은 장미 정원

하아얀 작은 그네에 앉은 여인들은
행복한 미소로 가득 차네

따스한 카페 안의 올리브 나무 한 그루
갓 구운 빵 내음
친절한 사장님의 마음만큼 따뜻하다

누구나 와서 이야기꽃을 피우면
어느새 내어 오는 커피 한 잔

잠봉뵈르 싱글 하나면
근사한 브런치 타임

쇼윈도 밖의 손 흔들며
지나가는 레일바이크 행렬

에메랄드빛 바다의 갈매기
솔밭 사이로 보이는
소소한 행복

자유로운 내 영혼 속에
아름다운 천국이 펼쳐진다

비에 젖은 용화찬미*

노오란 해바라기 길 따라
비를 맞으며
용화찬미 가는 길
오늘은 어떤 느낌일까 궁금하다

촉촉이 비에 젖은
이슬 머금은 꽃들
숨어있는 오죽

비를 맞아도
선명하고 밝으니
그 카페에 정원이 있어서 좋다

황무지가 장미꽃같이
풀투성이 밭에
카페가 아름드리 피어나고

맑은 쇼윈도의 진줏빛 빗방울
하얗고 아름다운 자태를 뽐내며
평화로운 안식과 사색을 주는
황혼 녘에도 빛이 나는 곳

우리의 모든 마음을 모아
곱고 예쁜 행복으로 가득 차네

*강원도 삼척시 근덕면 용화리에 있는 아름다운 카페

용화찬미 3

내가 카페 용화찬미를 좋아하는 것은
커피 맛이 좋고
친절한 사장님의 아름다운 마음 때문이다

황혼의 나이를 지나
커피를 마시는 동네 노인분들

그들에게 빵을 대접하고
꽃을 나누어 주는
넉넉한 인심의 사장님

정원에 5월의 장미는
아름다운 자태와 향기를 품고
지나가는 이의 발걸음을 멈추게 한다

손님이 차고 넘치면
욕심을 낼 법한데

주어진 만큼 장사를 하고
기쁨으로 빵과 커피를 팔고

손님들에게 빵을 나누어 주며

새벽에 일어나 넓은 정원을
아름답게 가꾸는
그분이 있기에 우리는 행복하다

보물찾기

유년 시절부터
심심하면 하는 게임

계단을 올라 다락방에 올라가면
어머니 숨겨놓은 보물이 가득 쌓여 있다

딸 부잣집 어머니답게
온갖 그릇이며 가전제품이 즐비하다

나는 새 보물을 찾은 기쁨에
새 도자기와 살림 도구를 자꾸자꾸 내놓고
어머니는 꼭꼭 숨겨도

나는 오늘도 어머니의 보물과 숨바꼭질을 한다
지금도 그 놀이를 계속하고 있다

이웃사촌

산은 바다를 그리워하고
바다는 산을 보고파 한다

산과 바다가 만나
아름다운 세상이 열리고

산속 마을에 진한 바다 내음 풍기는
홍합에 미역을 넣은
어죽이 익어갈 즈음

다정한 이웃들이 모여 앉아
이야기꽃을 피운다

매력이 철철 넘치는 인심 좋은 그녀
살랑살랑 에너지가 넘친다

바다는 산을 그리워하고
산은 바다를 보고파 한다

그녀의 레시피

산 아래 제 일번지에 사는
지인의 집

동화 속 그림에
조용히 숨어있다

불시에 찾아간 불청객에게
따뜻한 미역국에 샐러드 한 접시를
재빠르게 만들어 낸다

매실청, 유자청, 사과 액기스를
알맞게 배합한 드레싱은
새콤달콤 맛깔스럽고 정갈하다

텃밭에서 금방 따온
오이, 연한 깻잎, 상추, 토마토, 사과

신선한 야채와 과일은
소박하지만 맛이 있다

산을 닮아

마음이 넓고 따스한 사람들

오랜만에 보슬비가 내리던 오후

산을 내려오면서

그녀의 작은 정성이
얼마나 아름다운지

오늘 저녁은 맛난 요리를 해야겠다고
어설프게 앞치마를 둘러본다

하쿠나 마타타

그래 잘 될 거야
위로와 기쁨을 주는 말

세상에는 행복과 불행
부정과 긍정
그 모든 시간 속에서

서로 나누어
다정하게 두 손 잡고 걸어가네

조금 모자라면 어떠랴
내일의 욕심을 버리고
더디게 갈지라도

희망을 품으며
따스하게 감싸주리

책을 읽어 주는 여자

홀로
암실에 앉아
들꽃처럼 한 줄기 빛을 바라다 본다

지나간 날을 더듬어 시를 쓴다
실날같은 희망을 바라니

나는 그의 눈이 되어
책을 읽어준다

부디 한 마리 새처럼
자유롭게 훨훨 날아갔으면 좋겠네

내일이 오기 전에

달콤한
인생의 부러움과 자랑도
잠시 머물다
덧없이 흘러가는데

때로는 침묵해야 할 때
흘러가는 생의 존재적 본능

내일이 오기 전
후회하기 전에
헛된 상념일랑 날려 버리고

맑은 미소 지으며
살며시 희망의 내일을 기다리는
무한한 긍정의 의미

오늘 하루가 내일의 기적이 되고
그리움이 다 가기 전에
연연해하지 말고
소중한 하루의 추억 만들어 보자

생일

내 어머니는
오늘도 미역국을 끓인다

시집 안 간 딸
어디가 예쁘다고

어김없이 다가오는
연중행사를 치른다

생일 밥을 잘 먹어야
인생길이 외롭지 않다며
새벽바람에 일어나 상을 차린다

나비야 놀자

다소곳하고 온화한 나비
죽을 고비를 몇 번이나 넘기며
나와 동거동락한 지 5년

내가 가는 곳마다
강아지처럼 따라다니며

배고픈 고양이에게
먹을 것 양보하는 인정과 배려
나도 외면할 수 없다

어린 나이에 애기 고양이
5마리를 낳았고
한 날에 고양이들을 잃었다

그때 나를 슬프게 바라보는
너의 눈빛이
왜 그리 맘이 아플까

나비야 너를 사랑해
널 지켜 줄게

알에서 깨어나다

새로운 삶의 시작
뜨거운 열정
끝없이 펼쳐진 저 언덕 너머 오아시스

알에서 깨어나
다시 태어난 부활의 아침

어느 독거노인 이야기

자신이 암 환자인지도 모른 채
진통제로 하루를 견디는
홀로 투병하는 할머니를 만났다

이웃에 사는 그분은 맑은 눈으로 나를
지그시 바라보았고

혈압을 재어주고 말벗이 되어
하루에 한 번씩 찾아가는 나의 일상이 되었다

언제 임종을 맞이할지 몰라
따뜻한 밥 한 그릇 대접하며
나는 죽음을 먼저 생각했던
부끄러운 반성을 했다

지금은 기어다니시던 분이
유모차를 끌고 걸어 다니시며

인고의 하루하루를 보내지만
그분은 웃고 있다

봄눈 오던 날

봄꽃인지 봄눈인지
세상이 온통 하얗다

파르르 경련을 일으키는 꽃잎을 바라보며
때늦은 눈이 왔다고
구시렁거리는 사람들

꽃샘추위의 심술에도
꿋꿋이 지조를 지키는
하이얀 목련

된서리 같은
늦 눈의 등살에도
봄은 물러날 기세를 보이지 않는다

봄의 향유

만물이 소생하는 봄날
모두가 부산스레 날갯짓하니
세상이 온통 꽃 천국이다

때로는 느리게 사는 것도
시간이 많이 남네

자유와 방황 속에서
평화와 행복을 소유했으니
아쉬운 지난날 아름다워라

이름 없이 살아가지만
수면에 비친
나르시시즘Narcissism도 좋아

마치 도서관을 나오는데
풋풋한 여학생의 봄 내음새 꽃내음

철 지난 꽃잎처럼
만학도의 자유로움이
생의 향유를 느끼게 하네

산다는 것은
그리 녹록하지 않지만
하루하루 부족한 날을 채워가면서
인고의 세월 고달파도
미래와 희망을 주는 것이다

봄을 기다리며

오십디강 잘 쉬었당 갑써양
방문을 환영합니다

생소한 사투리를 들으며
설레이는 맘으로
대가족은 제주에 도착했다

눈꽃 핀 어리목의 숲은
어느 이국땅의 초원처럼
아름다웠다

봄이 오면 들려올 새소리
아름다운 숲길 따라
산철쭉이 피고 야생화가 핀 것처럼
착각에 빠진다

몇 번이고 와 보아도
달라 보이는 제주의 매력

그랜드 호텔 정원에 매화꽃이 활짝 피고
오랜만에 뭉친 우리의 맘속에도

또 다른 추억이 영글어 가고
봄은 한 발짝 다가와 있다

6월이 가면

탐스런 산딸기 오디를 따먹다가
검게 물든 입술 서로 바라보며 웃는다

산새 소리 바람에 흩날리는
잎새들 소리
시리도록 푸른 숲은
여름맞이 한창이다

돌아오는 길에
백일홍 할머니 댁에 들러
약수 한번 맛보는데

덤으로 살구 한 바구니 챙겨 주시는
따스한 손

행복 일기

산다는 것
행복은 심오한 인고와 성찰

혹평을 들어도
의연한 자세로
이겨내고

순간의 파도가 밀려와
잠시 머물러도
행복은 달콤한 솜사탕이 아니라
때론 에스프레소 같은 것

이 순간 큰 것을 셈하며 살아가지만
가까운 곳에서 소중한 것을
찾아보는 것 어떨는지

| 해설 |

소소한 일상을 기적으로 만드는 사랑의 힘

강연옥(시인)

1. 들어가며

조의령 시인은 만학도다. 늦은 나이에 국문학 석사를 마치고, 또 교육철학 박사과정을 수료하였다. 시인은 세상이 고달플수록 인문학이 왜 필요한지를 아는 걸까? 과학의 발전은 인간을 편리하게 만든다지만, 사람들의 삶은 오히려 더 삭막해졌다. 일상에서 우리가 사용하는 핸드폰 하나만 보더라도 지금은 누구에게나 꼭 필요한 필수품이긴 하지만, 인간에게서 아날로그적인 그리움을 앗아가 버렸다. 핸드폰이 없던 시절, 사랑하는 사람이 지금 뭐 하는지 궁금하면, 그리워서 밤하늘을 바라보던 그 정서가 사라졌다. 원하기만 하면 상대방이 지금 무엇을 하는지 핸드폰으로 바로 알 수 있는 세상이다. 기계 조작에 능한 인간, 능동적 사고를 잃어가고 있는 지금, 고요히 자신을 들여다볼 정신적인 여유도 없어졌다. 그러므로 정신적인 순환으로 가치를 바로 세우는 인문학이 필요하고, 시가 필요한 이유다.

이런 시대에 조의령 시인은 지금까지 살아오면서 느낀 경험과 사유에 자신만의 고유한 색깔을 더하는 과정을 시집 『살며시 다가온 기적』으로 표현하였다. 시집에는 자신 안에 행복의 가치를 두고 바라보는 사람만이 볼 수 있는 세상이 있다. 그 세상은 우리에게 살며시 기적으로 다가온다.

2. 고독을 넘어선 희망과 사랑의 성찰

사랑의 힘은 삶을 지탱하는 원동력이다. 그러면 조의령 시인의 사랑의 힘은 어디서 오는 것인가? 자신의 삶에 대한 긍정과 자연과 생명이 있는 모든 것들과의 합일에서 온다. 자연에서 마음의 평화를 얻고, 자신의 내면에 사랑을 채우고 그리고 다시 그 사랑을 나눠주는 게 시인의 삶의 방식이다. 그런 시들이 시집 곳곳에 가득하다.

나를 둘러싼 작은 일상들
어느새 다가온 기적

오랜 시간 만에
내게 주어진 삶을 사랑하게 되었다

아침에 일어나면 꽃들에게 인사하며

흙을 만진다
살아있는 모든 생명들을 위하여

이제는 다소곳이 자기 집에서 잠을 자는 순한 나비와
내 알뜰하고 부지런한 어머니의 고사리
소박한 자연주의 밥상

고독해도 외롭지 않으며
욕심과 허영을 버리고
작은 행복에 눈뜨게 되었다

화려하지 않아도 내게 주신 순간에 감사하며
나의 마음은 고요하고 평화롭다

생의 아름다움을 깊이 느끼며
내 영혼을 노래하는 시가 있기에……

인생과 철학을 성찰하는
고요한 아침의 기도

-「살며시 다가온 기적」 전문

시인은 '꽃들에게 인사하'고 생명의 시작과 끝인 '흙을 만'지고, 반려동물인 고양이 '순한 나비'와 '어머니' 그리고 '소박한 자연주의 밥상'을 평행선에 놓는다. 시인에게서 이 어느 것 하나도 소중하지 않은 게 없는 일상이다. 그러기 때문에 그들로 인해서

'고독해도 외롭지 않으며', '작은 행복에 눈뜨게 되었다'고 말한다. 그렇듯 그가 바라보는 세상은 '인생과 철학을 성찰'하는 시가 되고 기적으로 다가오기도 한다.

    고독이 밀려올 때마다
    아무 일 없는 듯
    거리를 걷는다

    바쁘다며
    내 영혼을 들여다보는 일에 소홀히 하며
    하루를 보내고

    삶이란
    때로는 한 발짝 멈추어 서서
    맘속에 잠시 파문이 일어도
    긍정할 수 있는 순간이 되어야 하는 것
                          -「어느 겨울날의 일기」 부분

낙관적인 사람은 어둠에서 빛을 보고, 비관적인 사람은 빛에서도 그림자만을 얘기한다. 문득 고독이 겨울처럼 밀려와 때로는 삶의 발목을 잡아도 '한 발짝 멈추어 서서', '긍정할 수 있는 순간'을 만들겠다는 각오가 희망의 봄을 부르고 있다.

    칠흑처럼 어두운 산속엔
    가로등만이 고요하게 정적을 비추고

시간은 정지된 듯
자유로운 나는 어둠 속에서 사색에 잠긴다

또다시 산속에 여명이 밝아오면
안개를 품에 안으며
산골 마을은 잠에서 깨어난다

수도원의 수도자처럼
단순하고 절제된 일상을 보내며
자연과 더불어 살아가네
어느새 다가온 행복에 살며시 웃는다

자유로운 영혼이여
알에서 깨어나야 하리

- 「비하인드 스토리 2」 부분

'자유로운 나는 어둠 속에서 사색에 잠긴' 알이다. 아직 부화하지 않은 알은 충만한 생명력을 갖고 있다. 그리하여 알 속에 갇혀있던 영혼이 깨어난다는 것은 무한한 가능성의 희망이며, 그 희망 또한 사랑의 힘을 키우는 근원이 된다.

사랑의 힘은 자신의 주변 모든 것에 대한 애정 어린 마음이고, 자연과의 합일로 이어진다. 그리하여 시인은 생명에 대한 그리움이나 삶의 의미를 알게 된다.

생명에 대한 그리움
상찰하고 안아본다

소중한 생의 의미는
바로 생명의 근원이 있는 곳에 있고
왜 어둠의 골짜기를 걷는가

집으로 돌아오는 길은
아쉬운 몸짓 별 가득 안고
반짝이는 미소 짓는다

-「별 보기」 부분

별은 아득히 멀어 '생명에 대한 그리움'이 더욱 다가온다. 어둠이 짙으면 별빛이 더욱 밝듯이, 우리는 어둠의 골짜기를 걸어가도 두렵지 않은 것은 '별 가득 안'고 집으로 돌아올 수 있다는 믿음이 있기 때문이다. 별은 몸 안으로 들어와 미소로 시인이 맘속에서 반짝이고 있다.

3. 시공간을 초월한 그리움의 단상

우리가 여행을 떠나는 것은 자신의 공간에서 다른 공간으로 이동을 하는 것이며, 여행에 대한 설렘이 고조되는 곳이 공항이다. 조의령 시인은 '한곳에 머물러 있던/ 정지와 침묵의 시간'(「여권 만들던 날」)을 일으켜 세워 자신의 시를 확장시키는 기적을 만들겠다고 한다. 결국 시인은 이베리아반도를 여행하면서 여행의 단상을 시로 풀어냈다.

여행지의 다른 문화는 우리의 문화와 '차이'가 있다. 그러나 실상 그 '차이'는 역설적으로 '같음'과 다를 바 없다는 것을 알게 된다. 우리와 문화가 다르지만 그것을 아주 잘게 쪼개서 살펴보면, 세상 어디든 사람들의 삶이 비슷하기 때문이다.

남부 안달루시아 지방
집시들의 매혹적인 춤과 음악이
우리의 깊은 영혼 속에 울려 퍼진다

노래 기타 반주에 맞추어 춤을 추며
기타 반주 없이 리듬으로 춤을 추는
손가락으로 소리를 내는 파토스

탭댄스 박자에 맞추어
절도있게 춤을 추는 남자들

여인들의 우아한 곡선 흔들림
집시들의 슬픈 사랑과 정열을 담아
화려하고 아름다운 드레스 선율이 빛나고

숨 막히는 감동 속에서
점점 빨리 춤을 추는
무희의 열정적인 표정은

예술의 극치를 이룬다

황홀한 세비야의 밤
올레 올레 올레

– 「정열의 플라멩코」 전문

스페인 민속음악의 다채로운 액조티시즘은 여러 민족의 영향을 받았으나, 특히 안달루시아 지방의 플라멩코가 인상이 깊다. 집시들의 정열의 율동은 아름다움에도 울부짖음의 몸짓으로 보인다. 발을 땅에 세게 치는 율동은 땅에 정착하고 싶은 집시들의 애환을 표현한다. 우리의 민속춤이나 민요와는 아주 다르지만, 정서가 우리 민요의 한과 비슷하다. 집시들이 플라멩코를 추면서 '시장 한 모퉁이에 벌어지는 민속 축제/ 구슬픈 아리랑 소리'(「정선 오일장에 가면」)처럼 고단한 삶을 푸는 방법이 비슷하다. '집시들의 슬픈 사랑과 정열을 담'은 '화려하고 아름다운 드레스 선율이 빛나'는 그 점이 우리 민요와는 다르지만, 사랑과 열정, 슬픔이라는 인간 감정의 본질에서 같다. 그리하여 '집시들의 매혹적인 춤과 음악'은 시인의 '깊은 영혼 속에 울려 퍼'지기에 충분하다. 또한 관광객들은 그 춤의 열정에 격려의 박수를 아낌없이 쳤을 것이다. 그것은 문화가 다르지만 인간 본연의 모습이 교차되는 면에서 서로에게 응원이지 않을까 생각한다.

스페인과 포르투갈은 초행길
아스라하고 고전적인 언어적 유희와 뮤지엄

가면 갈수록 발걸음이 닿는 곳마다
카타르시스가 넘치고

마치 영화의 한 장면처럼 나에게 살짝 다가온 여행의 기적

작은 노천카페에서
우아하게 에스프레소 한 잔을 마시면
가는 곳마다 중세의 향기가 가득 피어나고

좁고 아기자기한 작은 골목길과 고상한 파스텔톤의 지붕
생의 넓고 큰 내일의 꿈을 향해 상념에 잠기면
그곳이 바로 한 편의 시와 노래가 되네

바르셀로나에서 가우디의 초현대적 건축을 바라보며
피카소의 입체파 작품 2,000점을 감상하니
여행의 막이 내리는 에필로그

낯선 곳에서의 에피소드와 추억
이제는 떠나야 할 때 떠나야 하리

다시 기억나는 그리운 이름

포르투, 파티마, 동루이스 다리, 렐루 서점, 제로니모스 수도원, 리스본, 벨렘지구, 론다, 그라나다, 세비야, 마드리드, 세고비아, 헤네랄리페, 톨레도 대성당, 사라고사, 몬세라트, 알

카사르, 바르셀로나
-「여행의 프롤로그prologue」 전문

시인은 '여행의 막이 내리는 에필로그'라고 하면서, 이 시의 제목은 왜 「여행의 프롤로그prologue」라고 했을까, 프롤로그란 책의 머리에 쓰는 서문이나, 극이 시작하기 전에 내용을 소개하는 시작점을 말한다. 그럼에도 시인은 끝과 시작을 단절시키지 않고 연결시키고 있다. 어쩜 여행의 분절로 이루어진 것이 우리네 삶이지 않을까, 우리는 죽을 때까지 늘 인생의 여행길에 있기 때문이다. 그러므로 시인은 '마치 영화의 한 장면처럼 나에게 살짝 다가온 여행의 기적'의 장소들을 나열하며 자신의 세계를 기억 속으로 확장하고 있다.

시인의 여행의 마지막 날은 바르셀로나이다. 그곳에서 생명의 존엄성과 삶의 실존에 대해서 더 많은 생각을 했으리라. 조의령 시인은 약 2년 동안 '토지문화관' 작가 창작실에서 글쓰기를 하며 지냈다고 한다. 그곳에 있으면서 박경리 생의 철학에 영향을 받았음을 다음 시 부문에서 알 수 있다.

내가 좋아하는 박경리 선생님의 텃밭은
철 지난 은행이 많이 굴러다니고
흙을 사랑하셨던 분
땅을 밟으며
선생님이 만지시던 흙을 매일 만져본다
-「비하인드 스토리 -토지문화관에서」 부분

바르셀로나의 대표적인 건축은 '가우디 성당'이라고 부르는 '사그라다 파밀리아 대성당'이다. 천재 건축가 안토니 가우디는 자연을 훼손하지 않으면서 자연을 닮은 건축물을 많이 만들었다. '가우디 성당'은 외면의 모습은 마치 이 세상에 없는 괴이하면서도 무엇인지 모르는 숭고미가 있다. 그 건축물의 가장 중요한 것은 내부인데, 아마 짐작하건대 시인은 들어가서 박경리의 숨결을 느꼈을지도 모르겠다. 숲속에 서 있는 듯 나무와 같은 기둥, 빛을 받은 스테인드글라스의 변화무쌍한 색깔은 꽃을 또는 노을을 연상시킨다. 흙을 사랑하고 세상의 순환의 원리를 강조했던 박경리의 정신을 조의령 시인은 여행의 끝에서 만난 것이다.

여행이 공간의 개념에 무게중심이 쏠린다면, 그리움은 시간의 개념에 좀 더 무게가 기울인다. 그리움은 이미 지나간 것에 대해 갖는 감성이 더 많기 때문이다. 사람은 여행지에서의 즐거움도 크지만, 시공간이 멀어질수록 자신이 늘 살던 집의 소중함을 느끼고 그리움이 짙어진다. 그리하여 여행의 의미는 '모든 생의 무거운 짐을 망각한' 일상의 탈출이기도 하다. 그러나 사실 여행의 깊은 의미에는 집이 소중함을 알기 위해서 떠나보는 것이기도 하다. 그 마음을 다음 시의 부문에서 엿볼 수 있다.

심오한 사색에 잠겨 그리움 반 기쁨 반
그래도 집에 가고 싶은 건 왜일까?

태어난 곳에 대한 근원적인 향수
산해진미가 풍성하게 나의 미각을 자극해도
어머니 된장국이 그리운 걸

-「귀소본능」부분

멀어져 간 시간을 그리움으로 당겨오는 시편은 다음 시에서도 볼 수 있다.

당신이 심으신
나무 한 그루
아쉬운 봄으로 오네

진달래꽃 피면
당신이 떠나신
빈자리
큰 아픔이 되어

손수 세워주신
등 굽은 어깨는
가슴 저리도록 남고

내 빈자리에
계절은 바뀌고
그리움은 꽃이 되네

-「아버지의 나무」전문

아버지가 심어놓고 가신 나무는 언제나 제자리에서 봄을 맞이하는데, 봄이 돌아와도 오시지 않는 아버지. 그런 아버지의 '빈자리'가 '큰 아픔이' 된다고 말하고 있다. 그리고 아버지가 심어놓은 나무에 비록 아픔의 봉오리가 그리움의 꽃으로 피어 '등 굽은 어깨는/ 가슴 저리도록 남'는다라고 말한다. 그리하여 시인은 그 아픔과 그리움이 아버지의 나무에도 '아쉬운 봄'이 아니길 기원함을 알 수 있다. 이렇듯 사라진 존재의 그리움은 현재의 소중함을 깨닫게 되고 '낡은 유모차에 몸을 기'대어 걸어가시는 어머니를 보며 '어머니의 애틋한 사랑에/ 내가 살아가는 것이 기적'임을 깨닫게 한다.

아픈 가슴 다정하게 안은
빈자리엔
어머니의 긴 한숨 소리

내 어머니는 허리가 휘어지도록
일을 하면서도 힘든 내색 안 하시고

굽은 허리 낡은 유모차에 몸을 기댄 채
저 멀리 걸어가신다

언제 철이 들까
잃어버린 날개를
파닥이며

한 마리 새처럼
비상하길 간절히 소원하네

어머니의 애틋한 사랑에
내가 살아가는 것이 기적이니

모자라는 딸 깊이 품으시는
따뜻한 안식처에 용서 못 할 일 없고
어머니는 삶에 지친 자녀들의 쉼터와 웃음이 된다

어머니 얼굴에
환한 미소 번질 때까지
온 세상을 굳세게 살아가리

-「어머니의 낡은 유모차」 전문

'따뜻한 안식처에 용서 못 할 일 없'는 어머니는 대지가 무엇이든지 받아내서 싹을 틔우고 꽃을 피우듯 헌신과 희생을 한다. 그리하여 꽃이 핀 순간은 대지가 꽃을 통해서 웃듯, '어머니의 얼굴에/ 환한 미소가 번'지는 것이다. 그리하여 그 방법으로 시인은 자신이 '온 세상을 굳세게 살아가'는 것이 어머니에게 꽃을 안겨드린다는 것임을 알고, 각오를 다짐하고 있다.

4. 소소한 일상에서의 행복

삶을 전체로 상대하는 건 어려운 일이다. 소소한 일상에서 행복을 느끼며, 다른 이들에게도 활기를 불어넣어 주는 것이 바람직한 삶이다. 조의령 시인은 산과 들, 그리고 시야의 반 이상이 보이는 하늘. 그런 곳에 살면서 시를 쓰고 있다. 시인에게 자연은 친구고 대단치 않은 일과에서 살아있음을 느낀다. 그럴 수 있는 것은 시인의 순수하고 소박한 마음에서 기인한 것임을 알 수 있다.

>   어느 날 산길을 걷다
>   아름다운 숲에서
>   해맑은 미소 짓는
>   너를 보았네
>   누구를 향한
>   기다림이었나
>   자그마한 손 내밀며
>   나를 반겼지
>   그때 내 가슴 속 번지는 기쁨
>   나도 누군가에게
>   너를 닮은 꽃이었으면 좋겠다
>
>   －「야생화」 전문

 산길을 걸으면서 낮은 야생화가 마치 자신을 기다린 듯 '작은 손을 내밀'고 반기는 모습을 읽으며 '너를 닮은 꽃이었으면 좋겠다'라고 말하는 것은 시인이기에 포착할 수 있는 것이다. 자신도 누군가의 위로와 기쁨이 되고 싶다는 시인의 예쁜 마음이 돋보이는 시다.

무거운 노트북 가방을 들고
카페에 가는 길
정겨운 인사로 가득 차고
나는 잠시 카공 여인이 된다

- 중략 -

따스한 카페 안의 올리브 나무 한 그루
갓 구운 빵 내음
친절한 사장님의 마음만큼 따뜻하다

누구나 와서 이야기 꽃을 피우면
어느새 내어 오는 커피 한 잔

-「카페 용화찬미」 부분

　시집 『살며시 다가온 기적』 어느 곳에도 증오라는 단어가 보이지 않는다. 마음이 불타는 수레바퀴에 달려 돌아가는 듯한 불안함도 없다. 그것은 시인의 일상생활에서 자족하는 마음과 이웃과의 따스함을 나눌 줄 아는 심성에서 온 것임을 알 수 있다. '갓 구운 빵 내음'이 '친절한 사장님의 마음만큼 따뜻하다'라고 하며, 그런 따스하고 행복한 공간을 스스로 만들고 시를 쓴다. 그 공간처럼 조의령 시인의 시에는 사랑과 행복을 채우느라 미움이 들어설 자리가 없다.

숲에 오르면
내게 속삭이며 아름다운 바람 소리 들려준다

- 중략-

벤치에 앉아 하늘을 보면
숲은 조용히 나를 감싸주며
은은한 차 한 잔 대접한다

때로는 남과 다른 삶이 고달프지만
내게 주신 신의 선물에 감사한다

　　　　　　　　　　-「숲이 주는 차」 부분

 이 시에서는 시인은 숲이 빚은 차 한 잔을 마신다는 것은 자연에 완전히 동화됨을 엿볼 수 있다. 자연이 빚은 차에는 '아름다운 바람 소리', 산과 하늘과 노을이 녹아 있다. 행복은 보이는 실체가 아니다. 영원하지도 않는다. 행복은 순간순간 포착하는 감정이다. 또한 행복은 수동적으로 얻는 것이 아니라, '남과 다른 삶이 고달프'더라도 '내게 주신 신의 선물'로 받아들이듯 고통이나 외로움, 슬픔 등을 견뎌내는 인내력 끝에 있는 것이다. 조의령 시인은 그렇듯 자연 속으로 깊이 들어가 행복을 얻는 방법을 터득하고 있다.

 5. 마무리 글

우리는 자신의 의지로 외부의 힘에 의해 방해받거나 얽매이지 않을 때 행복하다.

그런 면에서 조의령 시인은 자연을 관조하고 자신의 내면에 기적을 만들어 온 셈이다. 살아있음을 아름다운 일이라고 믿고, 고통마저도 아름다움으로 치환하여 만들어내는 힘이 시인에게 있다. 그 힘은 세상을 대하는 시인의 사랑의 충만함에서 나온다. 그 사랑의 힘의 에너지가 조의령 시인의 시집 『살며시 다가온 기적』에 가득하다. 조의령 시인의 시의 집은 낮고 소소한 재료로 만들었지만, 감히 대단하고 근사한 집을 만들었다고 말할 수 있다. 많은 사람들이 조의령 시인의 시집 『살며시 다가온 기적』에서 '자유와 방황 속에서/ 평화와 행복을 소유'(「봄의 향유」)할 수 있는 평정심의 에너지를 얻길 고대한다.

그림과책 시선 308

살며시 다가온 기적

초판 1쇄 발행일 _ 2024년 8월 20일

지은이 _ 조의령
펴낸이 _ 손근호

펴낸곳 _ 도서출판 그림과책
출판등록 2003년 5월 12일 제300-2003-87호

03924 서울특별시 마포구 월드컵북로54길 17 821호
　　　(상암동, 사보이시티다엠씨)
　　　도서출판 그림과책
전화 (02)720-9875, 2987 _ 팩스 (02)720-4389
도서출판 그림과책 homepage _ www.sisamundan.co.kr
후원 _ 월간 시사문단(www.sisamundan.co.kr)
E-mail _ munhak@sisamundan.co.kr

ISBN 979-11-93560-15-0(03810)

값 12,000원

이 책의 판권은 지은이와 그림과책에 있습니다.
잘못된 책은 교환해 드립니다.

후원 : 강원특별자치도　강원문화재단

이 책은 강원특별자치도, 강원문화재단의 후원을 받아 발간되었습니다.